LUCIE DELARUE-MARDRUS

HORIZONS

PARIS
BIBLIOTHÈQUE-CHARPENTIER
EUGÈNE FASQUELLE, ÉDITEUR
11, RUE DE GRENELLE, 11

1905

[illegible handwriting]

HORIZONS

DU MÊME AUTEUR

Occident .... 1 vol.

Ferveur. .... 1 vol.

*Il a été tiré de cet ouvrage 10 exemplaires numérotés sur
papier du Japon.*

LUCIE DELARUE-MARDRUS

HORIZONS

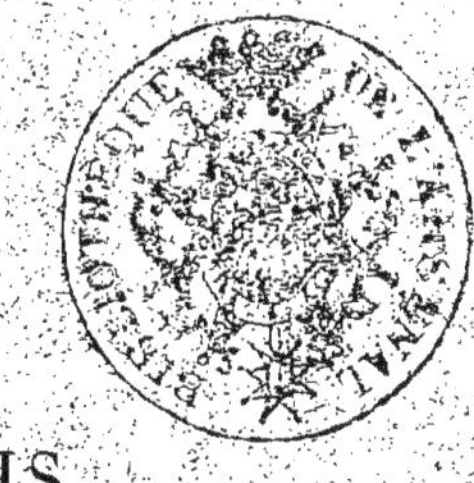

PARIS

BIBLIOTHÈQUE-CHARPENTIER

EUGÈNE FASQUELLE, ÉDITEUR

11, RUE DE GRENELLE, 11

1904

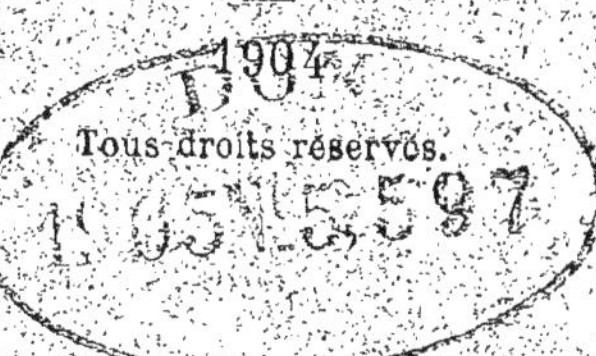

TENDRESSES

MON AMI, MA DOUCEUR...

Mon ami, ma douceur, mon bonheur, ma tendresse,
  Pendant que tu ne me vois pas
Je suis avec mes yeux et mon âme tes pas
Dans ton jardin de beaux rosiers et de sagesse,

Toi, toi ! qui loin du monde atroce et malheureux
  Parce qu'il ment et se défie,
As tout mis : ton amour, tes rêves et tes jeux,
Ton admiration et ta philosophie,

Toi qui, dis-je, as tout mis dans l'accomplissement
De la rose mouillée et lourde que tu cueilles
  Et que tu m'offres simplement
Pour sa beauté parfaite éclose entre deux feuilles...

LE BONHEUR

Parce que nous craignons la brûlure des yeux,
Notre bonheur sera simple et silencieux.

D'autres ont leurs plaisirs et nous avons le nôtre :
Respirer doucement assis l'un près de l'autre ;

Nous entourer le cœur d'oiseaux et d'animaux
Qui ne connaissent pas l'affreux venin des mots ;

Hanter les fleurs, les fruits, les herbes et les pailles
Et les arbres penchés par-dessus nos murailles ;

S'il pleut ou s'il fait froid ou nuit, dans la maison
Nous occuper longtemps de rêve et de raison ;

TENDRESSES

Nous coucher mollement au fond des chambres pleines
D'objets choisis et purs et d'accueillantes laines,

Et retourner ainsi des étés aux hivers,
Des roses du jardin aux flammes des feux clairs,

Graves et chérissant, moi ton profil d'ivoire,
Ton cœur d'enfant, ton rire inouï, ton grimoire,

Toi mes libres cheveux ruisselants d'ombre et d'or,
Mes songes, mon silence et mon âme du Nord...

UN JOUR

Nous avons écrit, lu, — travaillé, en somme.
Nous voici jouant à travers la maison.
Par la fenêtre, — lourde et belle, —
Entre une rose de saison.
Ma voix de femme, en bas, répond à ta voix d'homme
En haut sur l'escalier. Nous sommes
Comme des perdrix qui rappellent.

Le chat assis regarde avec l'air étonné
Qu'ont les animaux de faïence ;
La chèvre bêle dans son parc ; les poules lancent
Le cri de l'œuf, blanche gésine.
Toute seule dans la cuisine,
La servante fait le dîner.

Je t'aime bien, tu m'aimes bien,
Nous ne nous attendons à rien...
Bonne journée. Bonne journée !

CHEZ NOUS

Les volets sont déjà fermés, la nuit est faite,
Et tendrement, autour de la lampe, s'apprête
L'heure de tous les soirs, ineffable et secrète,

Si douce ! où l'on se serre un peu l'un contre l'autre
Pour lire ou pour causer un moment côte à côte,
Mais presque bas, craignant le bruit de la voix haute.

La bonne épaule s'offre au front câlin qui plie ;
On sent qu'on va pleurer de tout ce qui vous lie...
Ah ! comme on s'aime bien ! Quel charme que la vie !

Il fait calme, il fait chaud. L'âme heureuse se laisse
Aller. La lampe est douce ainsi qu'un jour qui baisse.
— Cette heure est le bonheur et toute la sagesse,

Car, s'il en fut, s'il doit en être de plus folles,
Rien ne vaudra la paix de ces pénombres molles,
Et ce simple regard, et ces quelques paroles.

DOUCEUR

Les ombres du jardin dansent sur mes pages
A travers le vitrage aussi clair que de l'eau.
Je lis les mots à travers ces paysages
Clairs-obscurs, que projette avril aigre et pâlot.

Rien d'autre qu'une lecture importunée
De belles taches d'ombre et de ronds de soleil ;
Rien d'autre pour remplir la longue journée,
— Sinon mon cœur qui bat pour toi, toujours pareil.

SAISONS

En mai, dans le jardin où tous deux cheminions,
La rosée allumait au soleil ses facettes ;
Les branches soupesaient indolemment leurs fruits
Encor verts par-dessus les grillages détruits ;
En août, nos doigts gourmands ont laissé des fossettes
Dans la ronde chair rouge et verte des brugnons.

En octobre, les fruits ne seront plus aux branches,
L'automne répandra sa légère rousseur ;
Décembre nous rendra les lampes et la table,
Mais ta bouche est un fruit rouge, mûr et durable,
Et mes dents y viendront mordre de si bon cœur
Que j'oublierai l'hiver et ses pelouses blanches.

AURORE

Voici l'heure. Les coqs chantent à rendre l'âme.
Un frôlement de jour s'insinue, et profane
Les gouffres de la nuit avec sa clarté neuve ;
Des bruits d'essieux s'en vont par les routes dormantes,
Et le cri des bateaux bouleverse les fleuves.

La terre de nouveau crève l'immensité
Avec les angles blancs et durs de ses cités,
Et voici que la vie inutile et poignante
Va reprendre devant ce miracle éternel :
L'aurore éclaboussant de triomphe le ciel !

Pour nous, surgis tous deux du néant du sommeil,
        Étonnés et graves, songeons
Au sixième matin de la Création,
Et, debout dans la paix et l'amour de nos âmes,
Embrassons-nous devant le lever du soleil
Comme le premier homme et la première femme.

ACCUEIL

Pour accueillir ta figure d'ivoire,
Je me tiendrai debout devant le seuil
Et tu viendras vers moi du fond des feuilles,
Une restée entre tes cheveux noirs.

Tu me verras! de velours et de soie,
Je t'attendrai d'un geste grave et mol;
Je t'attendrai d'un sourire d'idole,
Je t'offrirai mes bagues et mes doigts.

Nous entrerons, toi marchant, moi portée...
Et doucement les roses du dehors
Se répandront en odeurs d'ambre et d'or
Sur notre amour et sur notre beauté.

JE RENTRE...

Je rentre. J'ai laissé la ville âpre à nos portes
Avec sa vie obscure et ses longues cohortes.

Après avoir heurté tant de gens et de choses,
Je te retrouve seul dans ton jardin de roses.

Je regarde tes yeux après tant de prunelles
Luisantes, qui portaient toute la fièvre en elles,

Et je sens que mon âme entre dans tes yeux calmes
Comme dans un beau port d'eau tranquille et de palmes.

LES GUETTEURS

Restons ici chez nous; voici toutes nos roses,
Notre soleil, notre ombre et nos arbres en fleurs,
Et toutes les odeurs, et toutes les couleurs,
Et toutes les douceurs que l'été nous proprose.

Puis, voici la maison claire et pleine de soins,
    Ses doux meubles, ses couches molles,
Et ses lampes du soir et ses fleurs dans les coins,
Et ses livres qui sont des hôtes sans paroles.

Or, parmi tout cela, tenons-nous par la main
    Et parlons bas auprès des portes,
Car, aux fentes, malgré nos serrures si fortes,
Luit le phosphorescent, l'affreux regard humain...

Ah ! qui nous avait dit que l'âme était divine?

Il y a les haineux, il y a les jaloux,

Il y a... Tiens-moi bien sur ta forte poitrine

    Voici les loups ! Voici les loups!...

LA CONSOLATION

Je t'apporte en pleurant mon âme de ce soir :
    On l'a blessée ! On l'a blessée !...

Toi qui m'aimes, berce-moi contre toi,
    Berce-moi, peureuse et lassée,
Et, sur ta large épaule où je me sens si bien,
    Garde-moi sans me dire rien.

Il fait bon contre toi quand je souffre... Ah qu'importe
Que je souffre ! Ou plutôt, tant mieux ! Ta douce et forte
Et si chaude poitrine en est meilleure encore,

Car voici qu'alanguie et toute morte
De tendresse, mon âme amère s'y endort
Comme un petit enfant sur le bras qui le porte.

RÉSISTANCE

Que tristement, au vol du mauvais temps qui pleure,
Octobre laisse aller quelques feuilles trop mûres !
Et comme parfois la vie avec ses mains dures
Appuie au plus meurtri de notre pauvre cœur !

Pourquoi toujours recommencer l'automne ?
Pourquoi toujours recommencer la vie ?...
Quoique nos heures soient sans drame et monotones,
Oh ! combien certains soirs nous nous sentons trahis !

Mais courage ! La fin de tout est loin encore
Et nous voici debout dans notre tendresse ivre :
Aimer ! Vivre !... Aimer ! Vivre !...
— Il n'est d'irréparable et d'affreux que la mort.

POUR LES PLUS JEUNES

Petites qui courez avec ces yeux d'enfant
Et cette avidité de devenir des femmes
Et ce désir d'aimer plein vos sens et vos âmes
Vers un bel avenir docile et triomphant,

Qui vous a dit tout bas que pour savoir la vie
Il suffisait qu'un soir l'amour vînt s'imposer
A vous, et que son doux et terrible baiser
Blessât votre pudeur renversée et ravie ?

Si longtemps vous avez pâli pour cet amant
Dont l'étreinte devait vous prendre jusqu'à l'âme,
Vous qui ne saviez pas combien c'est gravement,
Combien c'est lentement qu'on devient une femme !

Or, sachez qu'il n'est point de tendre corps brisé
Qui vaille, sans la longue et profonde science,
— Plus nécessaire encor que celle du baiser, —
Du soin, de la douceur et de la patience,

Et qu'il faut que sanglote en vous en s'étouffant
Toute l'illusion de la vierge légère
Pour qu'ayant compris l'âme et la chair étrangères
De l'homme, meure un soir votre regard d'enfant.

EXHORTATION

N'êtes-vous pas lasses, les femmes !
Quand vos hommes, le soir, s'endorment sur vos âmes
Croyant que le refuge et que l'amour sont là,
De sentir en vous rire et pâlir Dalila ?

Femmes, n'ayez plus l'âme torse
Et dure, et ces yeux doux ! Il est temps ! Il est temps
D'accueillir dans des bras pitoyables leur force
Qui s'abat tout entière aux pieds de vos vingt ans.

Oubliez la longue rancune
D'être faibles, la lâcheté, tous ces venins !
Mais que votre beauté leur devienne opportune,
Eux qui furent portés par des flancs féminins.

Ne souffrez plus que les abuse

Votre docilité menteuse et sans respect.

Ne gardez que la bonne et maternelle ruse

Nécessaire à leur cœur si simple et si direct.

Aimez-les comme des amies,

Même lorsque ont cessé leurs tendresses gémies.

Aimez-les bien ! Dorlotez-les dans vos genoux !

— Car ils sont forts et fiers, mais qu'auraient-ils, sans vous?.

L'INJUSTICE

Pendant que notre corps et notre âme se donnent
> Librement à notre seul homme,
> Que pures, fraîches, libres,
> Riches du trésor d'être honnêtes,
Nous contentons ainsi le rêve de nos têtes
> Et de nos fibres,

> Je pense, avec un cœur serré,
A vous qui, malgré vous, faites l'amour, les filles !
A votre pauvre corps de louage qu'on pille,
Et mon être est meurtri des maux que vous souffrez.

Les instincts ont croisé leurs lames de duel :
Le mâle que tourmente une bête cachée
S'approche. On lui vendra le geste naturel.
L'un cherche son plaisir, l'autre cherche son pain,
> Chacun sa faim !
> C'est la quotidienne bouchée.

Or les épouses sont, dans leur lit bienheureux,
Avec l'homme choisi roulé dans leurs cheveux,
Celles qu'on respecte et qu'on berce et qu'on soigne...
Les filles! Vous aussi êtes celles qu'on soigne,
      Mais c'est au fond des lupanars!
      Pour que tout homme de hasard
Puisse en sécurité vous broyer dans ses poignes

Ainsi l'amour public déferle sur vos corps
      Sans que jamais personne vous aime.
      Et vous ne savez plus vous-mêmes
      La profondeur d'horreur de votre sort.

— Très précieuse chair dont on a perdu l'âme,
Ah! combien dans mon cœur s'amasse de rancune
Contre votre fatale et mauvaise fortune,
Filles qui, malgré tout, êtes ma sœur la femme!

AVENIR

Normandie herbagère, éclatante et mouillée,
Mon esprit et mon sang, mon amour, mon pays,
Nous voulons venir vivre un jour, doux et vieillis
Parmi tes prés, au fond d'une maison rayée,

Et, possédant un clos planté de beaux pommiers,
Quelques bêtes, des blés et du cidre en barriques,
Essayer que nos cœurs, comme ceux des fermiers,
Se fassent plus noueux et plus forts que des triques.

Notre bien s'étendra du côté de Rouen.
La cathédrale au loin dépassera la haie,
La Seine imbibera notre herbage en jouant,
Et nous aurons à nous une petite baie.

Par des après-midi de printemps vigoureux,
Quand les aubépiniers attendent qu'on les cueille,
Nous irons doucement par les verts chemins creux
Où l'on se croit roulé dans une immense feuille.

L'été, nous rêverons, quand la nuit sent le foin.
Nous aimerons aussi les craquantes automnes,
Et l'hiver étendu sur les prés monotones,
Quand l'énorme feu flambe et qu'on s'assied au coin.

Afin, quand nous mourrons, que notre corps s'enlise
Au cœur du sol natal par la pluie arrosé,
Sous des pommiers, autour de la petite église,
Où dort profondément ma race au nez rusé,

Et qu'étant au milieu des femmes et des hommes
Qui vécurent tassés dans un même horizon,
Il tombe sur nous tous, selon chaque saison,
Les fleurs de ces pommiers, leurs feuilles ou leurs pommes.

LE LONG DES JARDINS ET DE L'EAU

LE·PRINTEMPS

Le printemps, à travers tout ce qui nous séquestre,
S'annonce déjà, sourd, exact, primordial.
Et voici qu'un émoi doucement bestial
Emporte nos désirs vers sa fête terrestre.

L'impérieux instinct repousse le fardeau
Du songe et du labeur des villes en tumulte ;
Vers les bois, vers les champs, vers les prés gorgés d'eau,
Il s'élance, affamé d'éclosions incultes.

— Ah ! puisque les saisons s'apprêtent à sortir
De ce bourgeon crevé plein de feuilles défaites,
Nous prendre par la main en riant et bondir
Parmi les arbres gris dont verdissent les faîtes !

Ah vivre !... Quelle voix appelle à l'horizon ?...
L'air tiédi, le ciel clair et le soleil qui joue,
Tout cet ivre printemps emporte nos raisons,
Et toute la jeunesse est montée à nos joues ;

Et nous avons posé nos paumes sur nos yeux,
Et nous avons senti qu'en nous Adam et Eve
Se dressaient, pour reprendre ensemble l'ancien rêve
D'être nus, d'être purs, d'être seuls, d'être heureux.

J'AIME LE BORD DES EAUX...

J'aime le bord des eaux où je vais si souvent,
Seule, avec une rose à ma tempe nattée,
Les matins ou les soirs, dans le calme ou le vent,
Parmi l'herbe toujours doucement agitée.

Je regarde passer les chalands de couleur ;
Leurs lanternes, la nuit, dansent rouges et vertes,
De ci, de là... Je vais, les narines ouvertes,
Contente, avec mon âme aux dents comme une fleur.

LES CHALANDS

A Ch. Th. Féret.

Aux tournants troubles de la Seine, mes chalands
Avec leurs mariniers blonds et roux à l'arrière,
Défilent sous mes yeux, à la remorque, lents,
Un pot de fleurs à leurs fenêtres batelières.

J'aime les regarder, bien chargés, bien fournis.
Ils sont assis sur leur reflet quand ils s'arrêtent,
Et l'eau douce vient caresser comme une bête
Et faire respirer leurs beaux ventres vernis.

La Seine de Paris sans verdure et sans grève,
Je voudrais la quitter pour m'en aller comme eux,
— Passant au fil de l'eau par Rouen et la Hève, —
Regagner l'estuaire avec son cap brumeux.

Car ils vont jusqu'au bout de ma Seine normande,
Et moi, certains soirs lourds ou certains matins clairs,
Je sens, rien qu'à les voir, que mon âme demande
Quelque chose... Et je suis en peine de la mer.

EN FORÊT

Viens... Si nous désirons reposer sur le sol,
Voici que la forêt nous offre dès le seuil
Le calme enseveli parmi ses mousses molles,
Ses colonnes de bois, ses millions de feuilles.

N'aurons-nous pas d'abord une sorte de peur
A coudoyer la horde immobile des arbres
Que l'éternel lichen des solitudes marbre,
A coucher notre vie infime sous la leur ?

Au loin, s'éloignera l'âme ancienne des chasses.
Mais les chênes, les pins, les hêtres, comme avant,
Continueront, gardant leur immuable place,
Leurs siècles de soleil, d'ombre, de ciel, de vent.

Et nous, pour confronter la faiblesse et la force,
Nous poserons nos bras sur leurs membres ligneux,
Et, sur l'inconsciente et centenaire écorce,
Notre force hâtive où regardent des yeux.

Alors, seuls, écoutant le cœur vague et tranquille
De la terre, qui bat aux poitrines des troncs,
En silence, riant d'orgueil, dressant le front,
Du fond de la forêt nous songerons aux Villes.

BERGES

Bien souvent nous courons, le soir, les mains aux poches,
Les guinguettes sentant la terre et le poisson,
Humides de baigner leur verdure au frisson
Incolore et luisant de la Seine tout proche.

Parmi les reflets tors et les chalands déteints,
Sur des couchants barrés d'usines et de branches,
Flânent, l'un après l'autre ou se tenant les hanches,
D'imberbes souteneurs et leurs pauvres catins.

Pour nous, à notre table, au clair d'une bougie
Où deux, trois papillons viennent brûler leurs vols,
Sous un berceau, dans un jardin de tournesols,
Nous nous taisons, contents de notre maigre orgie.

De manger à la main la salade aux œufs durs,
De joindre un coup de cidre à la friture blonde,
D'être gentils, d'être tout seuls et d'être obscurs,
L'un en face de l'autre et dans l'oubli du monde.

ENCORE LES BERGES

Les maisons avec leur secret frisson
D'existence interne et savante,
Les jardins ordonnés que l'été calme évente,
La blanche vie à l'unisson,

Cela ! ce bonheur tranquillement le nôtre,
Nous le lâchons par les beaux soirs,
Las du luxe, saisis du soudain désespoir
D'être à bout de tout, l'un et l'autre.

Les maisons avec leur secret frisson,
Nous les fermons pour cette berge
Qui sent bon et mauvais le foin et le poisson,
Et dont plus d'un feu rouge émerge.

La Seine nous suit d'un laiteux détour
    Quand nous marchons vers la guinguette ;
Assise sur l'eau douce et blanche, se reflète
    L'île noire de Billancourt.

    Et c'est l'aventure humide et vineuse
    Que secrètent l'usine et l'eau,
La populace forte et louche, gueulant haut,
    Les poings à ses hanches de gueuse.

    La misère, ici, remplace l'ennui.
    — Perdus dans cette vie éparse,
Nous faisons un repas de friture et de nuit
    Comme un rôdeur avec sa garce.

TOUT LE PRINTEMPS...

Tout le printemps pèse sur moi
Avec le souvenir de l'enfance perdue
Qui secouait les fleurs des arbres sur sa joie
Et jetait aux jardins son rire suraigu.

Branches de mars que j'ai tenues,
Ecloses, sur mon cœur puéril d'autrefois,
Se peut-il qu'aujourd'hui, sans frémir, je vous voie
Bercer dans le ciel bleu vos bouquets revenus ?

Comment courber vos belles hampes
Jusqu'à ma bouche où dort le complexe baiser,
Appuyer la chaleur fiévreuse de mes tempes
Sur vos pétales purs, lourds d'un peu de rosée ?...

— Plus rien en moi n'est innocent
Et j'ai honte des fleurs que la saison me donne,
Et je voudrais la sœur de mon âme, l'automne
Mortifiée, amère, âpre, couleur de sang…

DÉFAILLANCE

Le printemps est sorti du sol comme d'un œuf
Immense ; voici mars si jeune et si antique
Qui va, rompant le sceau des bourgeons hermétiques,
Avec tant de bois sec refaire un jardin neuf.

C'est alors qu'on voudrait posséder toute chose
Et que tout l'être crie un impossible vœu.
Et c'est alors qu'on reste avec des lèvres closes,
Parce qu'on n'ose plus comprendre ce qu'on veut...

Printemps ! ô qui dira la tristesse infinie
Quand les sens vont à toi comme vers un amant,
De promener dans ton soleil son ironie,
Sa désillusion et son accablement !

LES ROSES

A la Comtesse Jacques de Chabannes la Palice.

Nous savons que la vie encombre le lointain
    De sa dangereuse marée.
Et pourtant, à travers la fenêtre carrée,
    Vois le beau temps de ce matin !

Le jardin mûr frémit, plein de choses écloses,
    Mais les rosiers, mais les rosiers !..
    Ce jour sera comme un brasier
Où vivra la fraîcheur émouvante des roses.

Quand nous nous pencherons pour respirer leur cœur,
    Elles nous mouilleront la bouche ;
    Elles pleurent quand on les touche,
Car un peu d'eau nocturne est dans leur profondeur.

Elles ont le contour lisse des belles joues ;
 Elles ont du soufre et de l'or.
Les rouges ont troué tout le vert du décor
 De leurs impérieuses roues.

Les froides blanches vont mourir de pureté
 En leur douceur de lingerie,
Mais la passionnée et pâle rose-thé
 Embaume encore défleurie,

 Et si la chaleur rend vineux
Le sang moins délicat des larges roses roses,
 L'une d'elles va choir sans causes,
Lourde, au bout d'une tige où s'en balançaient deux...

— Toutes, nous vous prendrons en boutons ou vieillies,
 Et nous presserons sur nos cœurs,
Inégales de taille, humides et cueillies,
 Vos verdures et vos couleurs,

Roses, chair végétale ineffablement creuse
 Pleine de sucre et de parfum,
Par qui, si vous comblez nos paumes amoureuses,
 Nous oublions la vie et son sens importun !

SONGERIE

Qui donc aura jamais des yeux comme les miens
Pour les horizons bleus au bout des paysages ?
Pour les horizons bleus plus doux que des visages,
Qui donc aura jamais des yeux comme les miens ?

Largement, pleinement, je leur donne mon âme
Qui ne peut pas tenir entière entre des mains ;
C'est vers eux que je vais quand je suis des chemins,
Largement, pleinement, je leur donne mon âme.

Mon âme survivra, quand je ne serai plus,
Au fond des horizons où les terres sont bleues ;
Dans l'éternel lointain vers qui s'en vont les lieues,
Mon âme survivra quand je ne serai plus.

SOLEIL

Le poing fermé contre la bouche
Le coude à mes genoux pliés,
Je vois le soleil qui se couche
Dans les jambes des peupliers.

Descendant les pourprés étages
Du ciel orageux, il s'en va,
Éternel comme Jéhovah
Assis et seul sur les nuages.

Et, ce soir, mes instincts innés
Ont adoré sa face claire,
Et, plein mon âme séculaire,
Des peuples se sont prosternés.

LA SEINE

Seine de Paris et de ses banlieues,
Long reptile dans l'herbe ou le ciment des bords,
Jardin mouvant, jardin d'algues des morts,
Eau pleine du reflet multiforme des lieues,

Native pureté dont le cours n'est plus clair,
Qui vas portant tout ce que ton flot berce
D'ordure et de secret, de rêve et de commerce
Séculairement à la mer,

Je t'aime d'épouser la Ville géniale
De ton méandre étroit et caressant,
Fleuve placide, ô Seine éternellement pâle
Et plus tragique que du sang !

JUILLET

L'air brûlant fait vibrer les horizons ruraux ;
Un excessif soleil rend l'ombre plus profonde.
Dans notre jardin calme où la verdure abonde,
L'après-midi sommeille au cœur des bosquets chauds.

Voici le lierre sombre où reluit une abeille,
La vigne, les rosiers, les fruits déjà joufflus.
L'herbe couchée encor par le vent de la veille,
Et toi !... tout ce que j'aime au monde, et rien de plus.

Pas un souffle n'atteint les roses éclatées ;
Les arbres inégaux sculptent le grand ciel clair...
Ah ! nous demeurerons souvent jusqu'aux nuitées
Sous la tonnelle ronde où filtre un jour si vert !

Ne disons rien. Là-bas parle une voie décrue ;
Tout à l'heure, un lointain chariot cahotait ;
On ne sait presque plus qu'on existe. On se tait
Parmi cette rumeur quelconque de la rue.

Ne disons rien. Il fait indifférent et bon ;
Je viens de voir tomber une rose fanée...
Ecoutons, assoupis de satisfaction,
Battre tout doucement le cœur de la journée

ENCORE JUILLET

Juillet, juillet, je sais que ton foin au soleil
Sent bon et fort au bout des prés de Normandie ;
Je sais, à la chaleur qui me laisse engourdie,
Que tu reviens là-bas, tranquillement pareil.

Juillet, juillet, je vois ici d'autres natures,
D'autres ciels variés, d'autres prés, d'autres eaux,
Mais pas mes pommiers ronds penchés sur mes clôtures,
Ni mes herbages verts, ni mes beaux bestiaux.

Juillet, juillet, je sais mes grands soirs dans mes meules,
Lorsque la nuit qui vient élève un croissant clair,
Qu'entre les arbres noirs luit encore la mer
Et qu'on s'assied au cœur des choses, toute seule..

Juillet, juillet, j'entends encore tes grillons
Éperdus, qui faisaient trépider le silence.
Je verse encor les pleurs de mon adolescence
Sur l'heure qui se hâte et que nous oublions.

Juillet, juillet, juillet !... je porte dans mes moelles
Le pays où je fus, tout ce que j'ai été
Dans tes foins, quand le cri tragique de l'été
Montait en moi parmi l'averse des étoiles !..

5.

ESSAI

Nous irons sur le bord des eaux
D'avant Paris, claires et belles.
Nous aurons par les prés l'âme des bestiaux,
Leur bon regard dans les prunelles.
Et nous serons aussi contents
Devant l'ampleur des lignes naturelles
De la Seine qui tourne autour de ses coteaux,
Que de voir de tout près, bercé dans le beau temps,
Un bourdon roux sur une ombelle.

Ainsi, nous irons lentement et loin
Selon le trèfle, le sainfoin,
La belladone et la marguerite champêtre,
Cueillant de beaux bouquets, et roses de bien-être.

Et sans doute oublierons-nous un peu
A la longue, au bout de cette herbe tranquille,
De ces beaux peupliers en file,
De cette Seine au tournant bleu,
Au bout de tant d'odeurs, au bout de tant de fleurs
Où l'heure change de couleur,
— Monstrueusement belle et proche — notre ville ?

LE VENT

Le vent tombé revient comme un raz de marée
Tourmenter les villes carrées
Et les arbres de leurs jardins.

Il déferle sur nous par gigantesques lames,
Il voudrait nous arracher l'âme
Comme les feuilles des jardins.

Ah ! livrons notre orgueil et notre véhémence
Au flot qui meurt et recommence
De cette mer qu'on ne voit pas,

Et que notre pensée, âpre, agile et muette,
Domine ainsi qu'une mouette
Tant d'énergie et de fracas !

— Le vent ! Le vent ! Voici que le monde s'écroule !
          Ivre d'un souvenir de houle,
          D'écume, d'embrun et de sel,

Je foncerai, les yeux fermés, sur la tempête,
Pour croire que je troue et brise avec ma tête
          Le tourbillon universel !

PRÉSAGE

Dans l'été rembruni du finissant mois d'août,
L'automne déjà flotte avec un peu de brume,
Et, dès aujourd'hui, mêle à l'impérial goût
Des roses, son austère et dolente amertume...

Reviens-nous une fois encor, belle saison,
Seule saison des inconsolables natures !
Tu berceras tragiquement sur l'horizon
Ton agonie en flamme et tes noires ramures,

Et nous irons asseoir notre grave bonheur
Dans le soleil taché d'ombre où tu nous accueilles,
Pour entendre tomber au fond de notre cœur
La mort blonde, dansante et douce de tes feuilles.

AU VENT

Au-dessus du jardin tour à tour sombre et clair,
Le ciel gris dans le vent 'est beau comme la mer.

Il faut que j'aille au fond du vent et que je rêve
Et que je croie errer au loin sur une grève,

Car aujourd'hui je suis vague comme la mer
Et comme le jardin tour à tour sombre et clair.

Car mon âme aujourd'hui, loin de tout ce qui ment,
M'emporte, et je m'en vais par la vie, élément.

Car je pense rôder au loin sur une grève,
Et je ne connais plus que j'existe, et je rêve,

Et je suis, sous le ciel tour à tour sombre et clair,
Plus folle que le vent, plus belle que la mer !

SEPTEMBRE

La verdure jaunit comme quelqu'un grisonne,
Voici venir ma belle automne.

Elle entre déjà toute en mon cœur qui l'attend :
Je l'aime tant ! Je l'aime tant !...

Oh ! combien la venue est encore lointaine
De ma future quarantaine !

C'est alors que, pareille à sa tristesse d'or,
Je l'épouserai plus encor.

En moi, comme un fruit mûr à la branche qui plie,
Pèsera mon âme accomplie,

Ma sève aura fini sa joie et ses efforts ;
Et, tous mes rêves étant morts,

Je ne marcherai plus ainsi qu'une étrangère
Dans les feuilles sèches légères...

BOUFFÉE

En contradiction avec cette âpre automne,
    Je songe à l'été monotone.

Mon âme s'ouvre au souvenir des beaux soirs d'août
Avec leurs vers luisants et leurs crapauds partout.

Chacun luisait comme une unique pierre,
Chacun chantait comme une flûte à un seul trou.

    Goutte de son, goutte de lumière,
      Notes et lueurs, si près, si loin,
Parmi la nuit touffue et qui sentait le foin...

    Beaux soirs, beaux soirs dans les prairies,
Je pense à vous du fond de l'automne marrie.

Je pense à vous, moments à tout jamais perdus
Troublés de vers luisants et de crapauds aigus,

Heures qui reviendrez dès le prochain été
Identiques aux soirs que vous avez été,

Alors qu'ayant aimé, songé, changé, vécu,
Nos cœurs passés seront comme s'ils n'étaient plus...

TEMPÊTE

Par la nuit dramatique et le jardin amer,
Montant les toits, cognant aux murs, sifflant aux fentes,
La tempête d'octobre, obscure et véhémente,
Déferle avec l'éclat d'une mauvaise mer.

Pourquoi faut-il du fond de moi qu'une gorgone
Ruée aux vitres cherche à sortir, à sortir !
Pour ajouter l'horreur de sa face à l'automne
Et hurler, et rouler au vent, et s'en vêtir ?...

6.

HEURE

Dans la douceur du ciel crépusculaire,
La Seine de ce soir est un fleuve de lait.
Promenons-nous, mon âme, s'il te plait,
Sans révolte, sans passion et sans colère.

Souvenons-nous des choses simplement
Tristes sans violence et qui furent voilées.
    — A qui va loin et solitairement,
Si propice est la berge aux herbes emmêlées,

A l'heure où, seul, un feu luit, rond et clair,
Au ventre des lointains chalands couleur de bistre,
    Sous la rougeur de la lune d'hiver
Qu'enfume lourdement une usine sinistre!...

LE SOLEIL DANS LA BRUME...

Le soleil dans la brume est rouge et sans halo
Au-dessus de la berge et des ponts et de l'eau
     Qui s'abaisse et qui se soulève.
Pour toi, ne reprends pas ton indicible rêve,
Pendant que le bateau glisse et que te soulève
La respiration lourde et molle de l'eau.

Ne sois pas sombre avec ton front chaud dans ta main,
Songeant à la douleur possible de demain,
     A celle d'hier, à la vie...
Mais vois se refermer à même l'eau suivie
Le sillage profond et semblable à la vie
Qui creuse en nous tant de douleur sans lendemain.

INCOLORE

Une brume est au bout du chemin du cimetière.
Des pas lourds dans la boue ont modelé le chemin,
Ce sont les pas de ceux qui coucheront demain
Tout de leur long parmi leurs copains du cimetière.

La Seine sans couleur heurte quelques chalands
Sur les berges d'hiver où rien encor ne s'allume.
Les usines d'Issy fument tout droit dans la brume.
Je vais seule à travers ces choses, à pas lents.

Je n'ai ni peine ni plaisir dans l'âme. Que faire
Parmi cela, puisque tout m'y est indifférent,
Ces vivants dispersés comme ces morts en rang,
Et ce qu'ils sont en train de faire, ou de ne pas faire?...

BILLANCOURT

En passant le long des rues,
J'entends la vie, à travers les maisons,
Qui parle, cogne, respire, se remue
Sans qu'on sache bien ses raisons.

Dans une cour, voici qu'un tout petit piaule :
Commencement du mal de vivre, premier cri.
Un rôdeur devant moi marche seul sur Paris ;
L'horizon est barré de noir par ses épaules.

Le rôdeur disparaît, le cri va s'éloignant...
— Oh ! pauvres vieux qu'on voit debout devant les portes
Crispés sur leur bâton de toutes leurs mains mortes !
Oh ! femmes enceintes avec ce regard poignant !

Ainsi vais-je. Voici gagné le cimetière.

C'est le même monde, mais mort.

Le soir tombe. La vie au loin fait son effort

Pour ce droit de fermer les yeux et de se taire.

VIEUX

De pitié, je pourrais pleurer dans l'oreiller,
Certains soirs, quand je pense aux faces apparues,
Des vieilles et des vieux rencontrés par les rues,
Et dont le souvenir me force de veiller.

Sur un trottoir, je croise un petit pas perplexe :
Pour encore un peu vivre on fait un grand effort ;
Homme ou femme, on n'a plus de couleur ni de sexe,
Et, tous, on a déjà pris sa tête de mort.

Rien que ces lâches yeux qui larmoient de vieillesse
Comme ne pouvant plus retenir le chagrin
D'avoir déjà perdu la vie et sa liesse,
— Quelle douleur, malgré cet air souvent serein !

Mes vieux !... Je ne ris point devant leurs pauvres lippes,
Devant leurs mouvements menus et rigolos ;
Car leur bouche a gardé la forme des sanglots,
Et c'est encor quelqu'un que ce paquet de nippes.

Je ne ris point. Je sais que, comme eux, haletants,
Tâchant de redresser ce qu'attire la terre,
Un jour nous marcherons vers le proche mystère,
— S'il nous est accordé de vivre très longtemps.

QUAIS

Le long du fleuve étreint de pierre et de ciment
Où quelque long reflet plonge et doucement file,
Nous t'aimons et nous t'admirons sauvagement,
Vie obscure, muette et dure de la Ville !

Quand nous les regardons en loques sans couleur
Sur ce fond glacial et mouvant de la Seine,
Tes hommes sont blafards de plâtre et de pâleur
Ou sont noirs de charbon, de révolte et de peine.

Une âme unique meut toutes leurs tristes peaux ;
Leur geste abat toujours l'éternelle besogne
De ceux-là qui n'auront de joie et de repos
Qu'en la fugace horreur d'un dimanche d'ivrogne.

Leurs yeux brûlent de vie ardue et d'âpreté,
Et la misère humaine est en eux qui les mange...
— Pourtant ! Pourtant ! Nos bras s'ouvraient à la beauté
Et nous avons voulu de prodigieux Ganges !

Nous avons espéré des châteaux de bonheur !
Nous avons appelé des foules exultantes !
Nous avons trépigné de délire et d'attente
Et peuplé les tournants des désirs de nos cœurs !

Et maintenant !... les bras retombés et sans proie,
Fixes, nous contemplons votre labeur amer,
Vous l'âme désolée et la sinistre chair
Du pauvre, vous, réponse à nos espoirs de joie...

MÉDITATION

Quand par ce soir boueux j'errais, longeant la berge,
Avec l'âme anxieuse et sombre d'un rôdeur,
A l'heure d'eau laiteuse où seule une lueur
Tremblante et rouge au bout des péniches émerge,
Quand les arbres sont durs sur le couchant qui meurt,

Pensait-il se fixer au fond de ma mémoire,
Le vagabond obscur qui se reposait là,
Informe et terne, avec l'unique point d'éclat
Du mégot ramassé brûlant sa bouche noire,
— Lui, notre criminel et plus sûr résultat ?

Connaissait-il qu'autour de nos âmes éparses
Parmi la vie ainsi que des dieux souverains,
Il va, portant sa race affreuse dans ses reins
De pauvre, et la répand, triste, au hasard des garces,
Avec le vice et la misère pour parrains ?

Savait-il, savait-il son malheur nécessaire
Comme un fumier en qui se nourrissent les fleurs,
Et que notre béauté, nos rêves, nos pâleurs,
Toute la floraison de notre race claire
Vit de sa faim, de sa fatigue, de ses pleurs?...

PROMENADES

Belle Seine luisante et courbe qui me suis
Entre tes berges d'herbe et de trèfle sauvage,
Chaque jour, seule avec mon âme et mon visage,
Je promène le long de toi ce que je suis.

Voici donc ma jeunesse, ivre en sa plénitude,
Joignant sans le savoir à tes reflets plongeants
Sa curiosité des choses et des gens
Et son esprit nourri de pensée et d'étude.

Voici mon cœur, mêlant ce qu'il aime le mieux,
Sans y songer, à l'ombre obscure des érables ;
Voici, débordant tout, mes sens impérieux
Courant, comme à la mer tes eaux indétournables...

— Ainsi ma vie emporte avec un pas égal
Sa sensualité, ses songes, sa tendresse,
Et, pour son avenir abandonnant sans cesse
Son passé, comme toi va d'amont en aval ;

Ainsi, plus sinueuse et multiple et profonde
Que toi, s'unit à toi celle de tous les jours
Qui fréquente à grands pas tes lents tours et détours
Et mire en toi ses yeux qui contiennent un monde.

DES BÊTES

... Nous entourer le cœur d'oiseaux et d'animaux
Qui ne connaissent pas l'affreux venin des mots.

POUR LE CHAT

Chat, monarque furtif, mystérieux et sage,
Sont-ils dignes, nos doigts encombrés d'anneaux lourds,
De votre majesté blanche et noire au visage
    De pierrerie et de velours ?

Votre grâce s'enroule ainsi qu'une chenille ;
Vous êtes, au toucher, plus brûlant qu'un oiseau,
Et, seule nudité, votre petit museau
    Est une fleur fraîche qui brille.

Vous avez, quoique rubanné comme un sachet,
De la férocité plein vos oreilles noires,
Quand vous daignez crisper vos pattes péremptoires
    Sur quelque inattendu hochet.

En votre petitesse apaisée ou qui gronde
Râle la royauté des grands tigres sereins ;
Comme un sombre trésor vous cachez dans vos reins
Toute la volupté du monde...

Mais, pour ce soir, nos soins vous importent si peu
Que rien en votre pose immobile n'abdique :
Dans vos larges yeux d'or cligne un regard bouddhique
Et vous vous souvenez que vous êtes un Dieu.

RÉMINISCENCE

Sous le bercement des branches de vigne,
Je vois au soleil varier les jeux
    De la chèvre blanche aux flancs creux.

Mon esprit poursuit la mouvante ligne
Que la bête fine et les feuilles font,
Les ronds de soleil qui viennent et vont.

La chèvre dépense une brusque grâce
Pour le haut rameau que le vent déplace
Et se tient debout sur deux sabots secs.

Et de tout cela mon âme abusée
Refait les motifs de ces vases grecs
    Que nous aimâmes au Musée.

JEU

Ma chèvre, je tiendrai dans mes mains, si je peux,
Ta tête brusque et familière,
Pour regarder changer de tout près dans tes yeux
Cette pupille de sorcière.

J'aurai, blessant mes pieds, tes piétinants sabots,
Je te tiendrai par les oreilles ;
Dans la lutte, nos deux vigueurs seront pareilles,
Et nos mouvements seront beaux.

Et, parmi le soleil où, toi blanche et moi nue,
Nous irons nous heurtant du front,
Ma tête bien nattée et ta tête cornue
L'une à l'autre se sculpteront.

VOLIÈRE

Au soleil, collée aux grillages,
J'aime rester longtemps à voir,
Avant que l'éteigne le soir,
La vie en prison des plumages.

Voici trottiner les fins pieds
Sous les éventails de la roue,
Le cri sylvestre des gibiers,
Le roucoulement qui s'enroue.

C'est l'inouï faisan doré
A la queue aiguë et royale,
Et dont brûle l'œil fixe et pâle
Dans l'or de son chef effaré ;

8

C'est la mystique tourterelle
Avec son vol de Saint-Esprit ;
C'est la toute ronde perdrix
Couleur de terre et qui rappelle ;

Ce sont les beaux pigeons replets
Posant leur tête sur leur gorge
Pleine de sarrasin et d'orge,
Et s'endormant dans leurs reflets...

O vers vous mes mains désireuses
De vos danses, de vos essors,
De vos blancheurs et de vos ors,
Oiseaux, ailes trois fois heureuses !...

LE CRAPAUD

Toi que tout le monde appréhende
De voir, bête aux regards dorés,
O gentille et pure légende
De mon enfance et de mes prés,

J'aime, dans ton horreur physique,
Cette goutte d'eau de ta voix
Qui mit si souvent en musique
Les doux vers luisants de mes bois.

Sous quelque touffe ébouriffée
Quand tu t'enfuis, pauvre crapaud,
Gonflant d'une chanson de fée
Toute la laideur de ta peau,

Je suis ton pas qui boite et rôde,
N'ignorant pas qu'entre tes yeux
Tu possèdes une émeraude,
Trésor secret et merveilleux;

Et je te garde des caresses,
Car je sais dès longtemps déjà
Que les crapauds sont des princesses
Qu'un coup de baguette changea...

HEURES...

Sans nous retourner, sans rire et sans bâiller,
Nous avons regardé, pendant bien des heures,
Fatigués de tout, des gens, de leurs demeures,
La bonne vie au soleil du poulailler.

Les poules... Leur foule chaude se mêle,
Noire et jaune. Et l'on voit luire un reflet vert
Sur trois culs touffus ou sur le bord d'une aile.
L'une marche en causant, le bec entr'ouvert.

Le coq est un galbe posé sur deux pattes
Avec une crête et une queue en rond,
Qui, parmi les petits chapeaux écarlates
Des Dames, debout, chante comme un clairon.

Dans un recoin obscur brille un peu de paille.
Une poule, avec un œil brillant et sec,
Choisit sa place pour un bon coup de bec
Sur la tête de la plus proche volaille...

On crie, on pond, on vaque, on reçoit des coups,
On nourrit sa faim toujours inassouvie,
On se livre à l'amour péremptoire et doux;
Puis on se perche pour dormir... Et c'est la vie.

MATERNITÉ

Ce soir, dans la corbeille où cette poule trône,
Sournoisement la vie a fait craquer chaque œuf,
Et voici piailler ensemble huit à neuf
Petits poussins nouveaux tout en peluche jaune.

Le recoin est obscur : Regardons ! Regardons !
Comme dans leur maison tous pénètrent sous elle
Où brûle la douceur molle des édredons,
Et débordent de sa poitrine et de son aile.

Patiente, elle glousse et demeure. Elle craint
De les blesser. Eux, ronds encor comme des boules,
Vaquant, grattant, ayant déjà l'âme des poules,
Courent piquer son œil qu'ils prennent pour un grain.

L'un s'aventure un peu, l'autre suit une mouche ;

Puis ils reviennent tous se nicher, et, frileux,

Pendant que doucement la mère se recouche,

Se souviennent encor d'avoir été des œufs.

LE SONGE D'UN SOIR ROUGE

A Armande de Polignac-Chabannes.

LE SONGE D'UN SOIR ROUGE

A Armande de Polignac-Chabannes.

Si le soleil pesant se couche quelque part
A travers des pins droits qui pleurent leur résine,
Moi, ce soir, je ne vois qu'à travers des usines
S'allumer le brandon de ce rouge départ.

J'ai rencontré, tombé dans l'herbe sèche et dure
Des talus de Paris, un homme pâle et mol
Écartelé par un sommeil au vitriol,
Qu'auréolait de noir une casquette obscure.

Il dormait. Ce couchant était autour de lui
Comme la mer de sang de quelque coup de lance
A son côté ; des bras en croix la Souvenance
Montait. Et sur la ville il faisait déjà nuit.

— Ecce Homo !... Sur son sommeil, la pourpre brève
De l'heure déploiera son émerveillement.
Il verra l'incendie et le sang de son rêve,
Et ce sera la vérité pour un moment.

Car le leurre ancien s'est tu faute d'apôtres
Et nulle douce voix n'apaise plus les cris.
On avait dit : « Il faut s'aimer les uns les autres. »
Mais cela n'a pas pris... Mais cela n'a pas pris !...

Les ongles et les dents ont repoussé sans peine.
Il est temps de manger, pauvres gens ! Mangez-nous !
Réveille-toi ! Debout, homme en croix, Christ de haine !
Il est temps de traîner le monde à tes genoux.

Les Révolutions fermentent dans la cuve ;
Chaque porte fermée attend l'effort des poings.
Le vent du soir apporte un pathétique effluve :
Débordant l'horizon, Paris déferle au loin.

Que les soifs et les faims courent à la curée !
Cette nuit est la nuit du grand leurre du sang !
Les pavés qu'on oublie attendent la marée
Écarlate, pour boire au flot envahissant.

La ville folle veut qu'on la viole et cerne,
Elle se plaît au bruit des grincements de dents.
Anarchie ! Anarchie !... — Une poussée interne
Nous gonfle ; et, sans parler, nous rions en dedans.

Rire de l'ironie intime, rire immense :
Les Révolutions ?... C'est nous qui les ferons !
Elles vont se heurter où tout meurt et commence,
Dans notre esprit, parmi la ville de nos fronts.

Elles triompheront à jamais dans nos songes.
Nous, nous rêvons ; vous, vous vivez. Double chemin.
La vie est pauvre ; son butin n'est qu'un mensonge.
Le rêve seul est riche et tient tout dans ses mains.

Le rêve est seul vainqueur de toutes les batailles.
Il est le Contre, il est le Pour, le Tout-Puissant.
Pour vous, vous lutterez les pieds dans vos entrailles, —
Jusqu'au jour revenu de cuver tout le sang ;

Jusqu'au jour où l'on tombe écartelé dans l'herbe
Avec la ville et le couchant autour de soi,
Ivre-mort d'un étrange vin, les bras en croix,
Recommençant le geste et nous laissant le Verbe.

Et longtemps nos regards noyés d'inaction
Regarderont dormir l'homme ; et la pourpre brève
De l'heure déploiera sa vaste allusion
Sur sa tête ; et le soir saignera dans son rêve ;

Et notre pitié jettera son grand cri,
Car nous serons debout sur toi, sinistre épave,
Pauvre à jamais, pauvre de cœur, pauvre d'esprit,
Toi, loque, toi, vaincu, toi, brute, ô notre esclave !...

LA MORT

COLLOQUE

La mort m'a dit : « Poète, il est temps ! Si tu veux,
» Doucement je mettrai mes doigts sur tes paupières,
» Et tu t'endormiras dans la pleine lumière,
» Avant d'avoir perdu le souvenir des dieux.

» Ainsi, devançant l'heure où les êtres se couchent,
» J'offre à ta jeune vie un émouvant destin ;
» Car je vais, d'un ciseau funèbre et clandestin,
» En pleine passion sculpter ta belle bouche.

» Je suis douce. Mon lit est mol, ample, profond ;
» Dans mon parterre en fleurs un beau soleil se joue.
» La place est déjà creuse où tes cendres seront,
» Je sens déjà fleurir mes roses dans tes joues. »

— Mais moi j'ai dit : « Je veux rester encore un peu

» A l'étroit de mon corps païen, près de mon âtre :

» Car j'aime le luth courbe et l'amphore d'albâtre

» De ma forme, et mon front natté de petit dieu.

» Car j'aime mon esprit ivre de solitude,

» Tout le mal qui m'est fait, tout le mal que je fais,

» La joie et la douleur, le plaisir et l'étude,

» Et le Pour, et le Contre, et la Cause et l'Effet.

» J'aime... J'aime !... Je veux m'unir aux paysages,

» Je veux la nuit, je veux le vent, je veux la mer,

» Et baiser tour à tour sur leurs quatre visages

» Les exactes saisons au regard sombre ou clair.

» J'aime... J'aime !... Je veux la musique des lignes,

» L'océan des regards, tout le parfum, l'émoi

» Des soirs, et la douceur flexible autour de moi

» Des purs bras féminins pareils aux cous des cygnes.

» J'aime... J'aime !... Je veux à l'heure où meurt le jour,

» Sentir mon front brûler mes paumes insensées,

» Et, séraphiquement, nourrir dans ma pensée

» Pleine d'astres, l'effroi d'éternelles amours. »

LA MORT

— Elle m'a dit : « Il faut mourir avant la honte
» De vieillir dans ta chair et ta pensée. Il faut
» Tomber, chantant encor, comme Orphée et Sapho,
» Quand ton désir de tout t'accable et te surmonte.

» Je te délivrerai du doute de ton cœur.
» Tu seras dans la terre ainsi qu'une semence,
» Tu sauras tout ce qui finit et recommence,
» Tu connaîtras l'Après dont les vivants ont peur. »

— J'ai dit : « La fin hâtive est un destin qu'on vante,
» Mais je renonce à son prestige funéral.
» Car l'horreur de vieillir est encore vivante,
» Et je crains mon néant encor plus que mon mal.

» J'ai peur de ne plus rien connaître dans ta fosse !
» A quiconque est passé, qu'importe l'Avenir ?
» La vie a beau durer, ma sensation fausse
» Dit vrai : Le monde meurt de mon dernier soupir.

» Si loin qu'on se souvienne et si longtemps qu'on pleure,
» Quels longs regrets vaudront jamais mon cœur battant ?
» La mort ! La mort ! Recule encor ma dernière heure,
» Laisse-moi vivre pour t'aimer. Je t'aime tant !

» Partout se dresse en moi ta suprême pensée.

» C'est toi qu'en toute chose étreint ma passion.

» L'amour même me montre, aux faces renversées

» Des femmes, ta tragique et pure expression.

» Sans toi rien ne me plaît, sans toi rien ne m'étonne :

» Rythmes, parfums, couleurs, paroles ou contours

» Te doivent le trésor de ne durer qu'un jour,

» C'est ton enchantement qui ravage l'automne.

» Ah ! je te cherche dans l'automne ! Les chemins

» Abandonnés me voient étreindre l'or d'octobre,

» Et c'est toi seule, amante austère, ardente et sobre,

» Qui craques toute avec les feuilles dans mes mains.

» Tu ne trouveras pas d'âme plus amoureuse

» Que la mienne, d'amant plus grave et plus hardi.

» Qui saurait comme moi t'aimer, Mystérieuse,

» Seule inconnue, ô toi qui n'as encor rien dit ?... »

— Elle a repris : « Regarde encor mon spectre insigne,

» Car je m'éloigne avec un doigt contre les dents.

» T'impose-je silence ou bien te fais-je signe ?

» Cherche le sens du geste, ironique ou prudent ! »

LA MORT

Elle a ri. Je n'ai su ce qu'elle voulait dire.

J'ai vu derrière moi s'effacer son contour.

Est-elle absente pour cent ans ou pour un jour ?

Suis-je dans son oubli ? Suis-je son point de mire ?

Comme jadis, la route est offerte à mes pas,

Mon être audacieux pense, aime, rit et pleure...

Est-ce un commencement ? Est-ce une dernière heure ?

Je ne sais pas... Je ne sais pas... Je ne sais pas.

CRI

Vivre... Ah ! tout ce qu'on veut encore faire et dire !
Ce besoin furieux d'arriver jusqu'au bout
De soi-même, de son meilleur et de son pire !...
Et le monde qui vous échappe de partout
Et qu'on voudrait tenir tout entier comme un homme
Contre son cœur, alors qu'on ne sait pas, en somme,
Combien de force on a, combien de temps on a !

Oh ! cette mort, ce vieux squelette toujours là,
Dont on a peur et qu'on nourrit en soi, quand même,
Et qui doit demeurer plus longtemps que nous-mêmes !...
—Et nous?... Nous?... Qu'aurons-nous tenu de nos désirs?...

LA MORT

Ah! se rouler dans la douleur et le plaisir
Et dans tout, et dans tout! avant de ne plus être,
Ou bien avant de tout recommencer, peut-être?...

PETITE FIN

L'oiseau pris n'aura pas connu le premier vol,
Le beau temps bleu, l'air frais comme une eau de fontaine,
Les chansons... Dans ma main qui le tient, frêle et mol,
Sa mort s'attarde ainsi qu'une agonie humaine.

Doucement, tristement, son petit souffle fuit,
Il ne contenait rien qu'une goutte de vie ;
Mais sa race d'oiseau, qui jamais ne dévie,
Était puissante ainsi que la nature en lui.

Son âme d'un instant, aiguë, impatiente,
S'empressait et criait vers sa part de soleil,
Et tout son corps chétif secouait le sommeil
De l'œuf, du bout d'une aile écourtée et mouvante...

Oiseau ! Oiseau ! la chambre est pleine de ta mort !
Elle déborde, elle a rempli toute la terre !
L'âme humaine sur toi se penche, funéraire,
Et te regarde et voit la douleur de son sort :

Car tes frêles sursauts mortuaires, d'avance
Lui montrent son suprême et seul vrai lendemain ;
Et c'est tout notre effort, toute notre arrogance,
Qui luttent pour mourir dans le creux de ma main.

A CEUX QUI CRIENT

Ceux qui crient faussement la beauté de la vie
Pour ne s'entendre pas pleurer en vérité,
A ceux-là je le dis : Sachez en vérité
Que la mort est plus haute et belle que la vie !

La mort est éternelle et vous n'en parlez pas !
Moi, j'aime tant la mort que je suis comme l'Ange
De la Mort ; et pourtant je ne refuse pas
De vivre. Mais la mort est en moi comme un Ange.

Notre peu de beauté vient d'elle : Que vaudraient
Nos âmes, nos travaux, l'immortalité même
Des plus purs, si la vie n'était rien qu'elle-même ?
Sans la brièveté, nuls efforts ne vaudraient.

C'est la mort qui nous rend très grands quand nous le sommes.
L'animal ne sait pas qu'il meurt : nous le savons.
C'est là ce qui, de nous, fait les dieux que nous sommes...
O Tendresse ! O Pensée ! O Désir !... — Nous savons !

Silence à ceux qui crient la beauté de la vie
Pour ne s'entendre pas pleurer en vérité !
Je le leur dis : Sachez, sachez en vérité
Que c'est la Mort qui fait la beauté de la Vie !

CIMETIÈRE

Inconcevable mort, j'ai lentement marché
Dans ton jardin et dans ta ville,
Et me suis réjouie à ton odeur subtile
De vieille pierre où pousse un bouquet maraîcher.

En une symétrie identique et parfaite,
Des gens se reposaient en toi ;
Une croix de granit leur sortait de la tête,
Et des fleurs sentaient bon le long de leur corps froid.

Comment me souvenir des soirs où ton mystère
Creusait mon cerveau fatigué,
Quand ainsi se berçaient tes emblèmes de verre
Sur ton rectangle étroit de marbre ou de buis gai ?

Je voulais rappeler tout bas tes heures hautes
          De détresse et d'abstraction,
Et ma paume cherchait ta forme sur mes côtes,
Mais j'y sentais mon cœur battre sa passion,

Et les tombeaux montraient ma future paresse
          Éternelle, et me donnaient tort ;
Mais mon cœur dans ma paume éclatait de jeunesse,
Et j'étais malgré tout plus forte que la mort.

ROSES DE LA MORT

Le hasard, qui tous deux aujourd'hui nous promène,
Nous arrête devant ce cimetière vert :
Entrons. Voici déjà, dès le seuil entr'ouvert,
Ses rosiers lentement nourris de chair humaine.

L'abandon et l'été font comme un beau jardin
Des tombes. Chaque rose y est si lourde et grasse
Qu'on devine à la voir que tout le mort y passe,
Et qu'on recule un peu d'y réfléchir soudain.

Cependant, cueillons-en plusieurs pour ma ceinture.
Saurait-on résister à la tentation
Des roses ? J'oublierai que leur carnation
Divine a pris sa vie en pleine pourriture.

Ou plutôt, je rendrai cet hommage à la mort
De la voler, sachant que, du fond de la boue,
Tout un corps s'est donné pour gonfler cette joue
Florale d'une rose, apte à tenter encor...,

— Lors je les presserai, charnelles et funèbres
Sur ma bouche, en songeant que leur suprême odeur
Se venge de la lourde et sourde puanteur,
Et leur folle clarté de toutes les ténèbres !

LE POÈME DE LA GUERRE DES VIVANTS ET DES MORTS

Vivants chargés de chair et squelettes terreux
Se sont rués un jour les uns contre les autres
Au fond de ma pensée intime pleine d'eux,
Et j'entendais leurs cris de violents apôtres.

Ces ennemis qui n'ont de pareil que les dents,
Se les montrant de près, cognaient une armature
D'os bruns où pend encore un peu de pourriture,
Contre la force en jeu des corps outrecuidants.

La guerre piétinait le bord blessé des fosses,
Et la rage montait du fol rassemblement,
Et les têtes de mort ouvraient sauvagement
La vérité des trous sur les prunelles fausses.

Et les vivants disaient : « Nous sommes la beauté !
» Nous mangeons la lumière et l'air. Voici nos joues !
» Nous bâillons et rions sur les hideuses moues
» Que vous faites, au fond de votre éternité ! »

Et les morts répondaient : « Mieux vaut notre grimace
» Que la vôtre ! Amenez ceux qui n'en peuvent plus.
» Voici vos mal tournés, vos tristes, vos vaincus,
» Et toutes nos dents rient de voir la vie qui passe ! »

Les vivants disaient : « Tout plutôt que votre lit
» De silence ! Mieux vaut notre douleur qui crie ;
» Mieux vaut toute la chair malade que pourrie,
» Mieux vaut le désespoir lui-même que l'oubli. »

Les morts disaient : « L'oubli n'est pas notre partage.
» Au fond de votre peur nous nous réfugions :
» Sans forme, sans couleur, sans paroles, sans âge,
» Nous sommes votre angoisse et vos religions.

» Nous sommes le Passé, nous sommes Babylone,
» Nous sommes tout, Histoire et Fable et Souvenir. »
Et les vivants hurlaient : « Nous sommes la colonne
» Brûlante qui soutient le monde : l'Avenir ! »

Les morts : « Nous sommes plus que l'avenir. Nous sommes

» La fin. Vous n'avez plus aucun pouvoir sur nous.

» Car nous avons été des femmes et des hommes :

» Nous *savons* ! Mais pour vous, vous doutez à genoux. »

Et les vivants : « Comment garderions-nous un doute ?

» Ne demeurez-vous pas inertes et couchés

» Quand nous sommes debout avec nos sept péchés,

» Nous, vivants, sur la route, et vous, morts, sous la route ?

» Oui, vous êtes la fin, la terreur du trépas,

» L'inconcevable rêve et sa noire démence;

» Mais parmi nous aussi, le regard qui commence

» Des nouveau-nés, est plein de ce qu'on ne sait pas.

» Tout le mystère vit dans nos instincts perplexes.

» Mais vous, qu'avez-vous fait de l'orgueil, des ennuis,

» Des larmes sans raison au cœur des belles nuits,

» De la joie et du mal d'aimer ? Où sont vos sexes ?

» L'âme est finie avec la sensualité...

» Rendormez-vous, vieux os des abstractions creuses ! »

Les morts disaient : « Pourtant c'est nous l'Éternité

» Dont vous parlez toujours aux heures amoureuses. »

Et les vivants ont dit : « Et qu'importe l'horreur
» Au bout de tout chemin de vos mains assassines ?
» Nous marchons en tenant à la bouche une fleur. »
Les morts ont dit : « Et nous, nous mordons ses racines ! »

Alors tous les vivants ont élevé les bras
Et follement crié ceci : « Vive la Vie ! »
Mais les morts ont clamé : « La vie est asservie
« A la mort. Sans la mort vous ne l'aimeriez pas. »

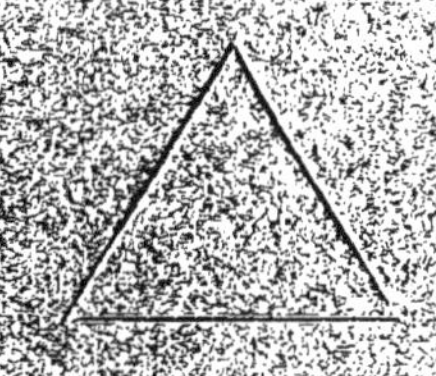

Abstraction ! horreur et douceur des fronts las !
Dans le silence et l'invisible de l'espace,
Je dresse tout debout tes églises de glace
Et les dédie au nom qu'on ne prononce pas.

Que votre geste haut comme un monstrueux arbre,
Babels, tours d'arrogance et de punition,
Tâche d'atteindre avec son métal et son marbre
A mes froids monuments d'interrogation !

Les baumes du passé brûlaient la nuit profonde :
Si leur présente cendre, épouvantant les soirs,
Déborde des trépieds renversés sur le monde
Et de l'extinction lente des encensoirs,

Ah ! qu'il ne reste plus que mes mains rituelles
Pour âprement s'ouvrir dans le ciel inouï !
Tout le désir vers toi monte encore avec elles,
Adonaï ! Adonaï ! Adonaï !...

PASCAL

Pascal, frêle passant, Shakespeare sans théâtre,

Qui traverse ton siècle en personnage noir

Sur un fond rouge et brun de Cour, parlant d'espoir

Avec un cœur creusé de doute opiniâtre,

Toi qui t'offres comme un amant à la marâtre

Maladie, et survis en ton seul dur vouloir

D'exister pour souffrir plus encore, ô t'avoir

Connu quand tu pensais, muet, au coin de l'âtre !

T'avoir connu, seul vrai, seul logique chrétien !

Avoir joint mon rêve âpre, indélébile au tien,

Qui, suivant l'Infini dans la mathématique,

Montait de chiffre en chiffre en une assomption
Abstruse, tel un vol d'ange apocalyptique,
Vers le Dieu de ton doute et de ta passion !

MATHÉMATIQUE

A Paul Valéry.

... Je vois déjà dans les carreaux le jour qui sombre.

Voici que je suis seule et seule avec mon cœur ;

Et si pur, ivre et grave est mon cœur, que, dans l'ombre,

Je sens surgir en moi l'archange intérieur.

Il vient. Nous laissons tout : Musique, art, rêve, éthique.

Dans le bruit orageux des ailes, nous allons.

Devant nous monte, offrant ses premiers échelons,

L'échelle de Jacob de la mathématique.

Le chiffre nous a pris dans son éternité.

Nous avons commencé de dénombrer le sable

Des déserts. Pèlerins du cercle inconcevable,

Nous marchons dans l'horreur d'avoir fui l'Unité.

Notre course du fond d'Elle s'est élancée
Comme un oiseau de l'œuf ouvert au creux du nid.
Chiffre infini comme le rien est infini,
Seul le zéro clorait la course commencée.

Mais nous fuyons le Rien, nous qui voulons le Tout.
Vertigineux, vers Lui, de partie en partie,
Nous montons, sans vouloir envisager au bout
Le néant primitif d'où la vie est sortie...

Archange, ah! laisse-moi sur la terre. J'ai peur!
A quoi bon m'être mise en route pour le nombre?
Je n'atteindrai jamais le but. Je suis une ombre:
Le nombre est éternel, et je viens d'où l'on meurt.

APOSTROPHE

Solitude et repos du songe taciturne,
Voici le soir, voici la mort lente du bruit,
Et je m'assieds parmi la verdure nocturne
Où le ciel étoilé cligne et doucement luit.

Les heures passent sur les heures
Contre des roses d'ombre et leur humidité ;
Dans la paix odorante et l'oubli des demeures,
Je sens autour de moi flotter l'immensité
Des ténèbres extérieures...

— Toi qui te meurs de soif de cette nuit d'été
Scintillante à travers le tilleul et l'érable,
Je t'adore à jamais, innomable, innomable !
O mon âme immortelle, ô mon Éternité !

SUPPLIQUE

Où es-tu ?... Tu sais bien que je t'adore au soir,
                    O nocturne !
Moi qui ose parfois face à face te voir
                    Sur le visage de la lune.

Où es-tu ?... Tu sais bien, ô mobile, ô marine !
Que je t'aime le long des reflets des eaux douces,
Et dans la trouble mer tendrement saphirine
                    De mon pays d'herbe et de mousse.

Où es-tu ?... Je t'attends partout où il fait noir,
                    O très sombre !
Je te cherche en tremblant parmi toutes les ombres,
Celles du plein soleil comme celles du soir.

Où sont tes yeux ?... Pourquoi les benoites momies,
Les pharaonnes d'or restent-elles endormies
      Au fond des sarcophages peints,
Alors qu'épouvantable et belle, tu reviens ?

Je te sens ! Je te sais !... Où vais-je aller mourir,
Sur quels genoux sacrés, dans quels bras indicibles,
Si vainement j'entends tes sanglots et ton rire,
Si les dieux, à jamais, demeurent invisibles ?...

AVE

Quoique je sois debout dans la nuit,
Mes cils en clignant remuent de la lumière...
Sont-ce tes yeux qui sont tout près de mes paupières ?
Est-ce ton regard de phosphore qui luit ?

Vais-je te voir, Ivresse, Anxiété, Beauté
Qui me fais mourir et que j'aime,
Mensonge plus pur que toute vérité,
Impossible moi plus vrai que moi-même ?

Toi qui t'assieds, sculptée, en l'éternel granit,
Qui ris dans tous les yeux d'idoles dorées,
Déesse, ô Infini, Infini, Infini !...

— Qu'on ne me parle pas, ce soir, je suis sacrée.

LE SILENCE

Loin de l'espace évalué, du temps qui fuit,
Dans un songe d'orgueil et de noire opulence,
J'ai supporté sur moi le fardeau dans la nuit
    Des cathédrales du silence.

— Ils croyaient simplement que tu n'es pas le bruit,
Mais tu es par toi-même, et plus que toutes choses,
Seule immobilité, Silence ! qui t'opposes
A l'Univers captif d'un éternel circuit.

Dans le Visible et l'Invisible est ton empire ;
Tu es et tu seras l'énigme jusqu'au bout,
Tout ce qu'on ne pourra jamais savoir ni dire,
    Le début et la fin de tout,

Tu es l'Eternité!... Je tremble et m'épouvante,
Toute seule, par cette nuit, de l'habiter
Comme une Jéricho géniale et géante
Dont un seul cri ferait crouler l'immensité,

O Silence en qui rien ne jouit ni ne souffre,
Où la vie et la mort s'effacent à la fois,
Toi qui sembles monté des insondables gouffres
De mon âme nocturne où se tait toute voix!

VERTIGE

Au milieu des Figures colossales
Où demeurent les quatre horizons
Eternellement indéfinis des sables,
Je passe toute seule et je perds la raison.

Sphinx ! Sphinx ! je viens à vous ; je suis toute petite ;
En me haussant, je n'atteins pas vos griffes ;
Votre ombre est grande autour de vous comme la nuit...
Pourquoi mon cœur sent-il que tout lui nuit
Hors d'ici, hors d'ici, dans la vie et l'ennui ?

Pourquoi veux-je allonger mes vertèbres
Dans les sarcophages de bois,
Mourir debout dans ceux qu'on voit
Dressant dans les recoins leur grand œuf funèbre ?

Ah ! je suis dans la mort, je suis ici chez moi :
La Déesse est assise entre les griffes !
La Déesse est couchée au fond des sarcophages !
La Déesse est sur tous les éternels visages !
Elle circule, elle palpite, je la sens...

— Egypte, à moi ! J'ai la Déesse dans le sang !

PHANTASMES

OMBRE

J'ai délivré mon cœur de tout ce qui l'encombre.
Me voici seule avec mon rêve et ma raison.
La nuit tombe. J'attends au fond de ma maison
     Que vienne l'ange noir de l'ombre.

Les feuilles du dehors, en ombre, vont entrer
Jusqu'à moi. Je verrai la lune derrière elles.
Elle les poussera de toute sa clarté,
Elles vont frissonner sur moi comme des ailes.

Un jardin noir dansera sur mes murs
     Au rythme du vent dans les branches ;
Et je verrai rôder doucement mes mains blanches
Dans le palpitement de ce feuillage obscur.

Je suis seule, et dehors c'est l'automne funèbre...
— Au delà de la solitude et de la peur,
Qui connaîtra jamais le secret de mon cœur
　　　Au fond des feuilles de ténèbres ?

CROISÉE OUVERTE

Tout un arbre est entré dans la chambre nocturne,
Sous la forme d'une ombre où le vent passe un peu.
Il mêle son feuillage au clair de lune bleu,
Sur nos deux corps en proie au sommeil taciturne.

Ainsi nous reposons, nous tenant par la main…
L'ombre, à travers nos cils, danse dans nos mémoires,
Et nous nous souviendrons au soleil de demain
De ce berceau de lune et de ramures noires.

RYTHME POUR LA ROSE

Ancestrale où les nuits d'Orient sont encloses,
Où brûlent des fastes romains,
Où toute amour coucha ses poses,

Chair féminine, ô nue, ô rose !

Douce tentation des bouches et des mains,
Chair féminine, ô nue, ô rose,
O jeunesse sans lendemains,

Rouge, blanche, soufrée ou mate !

Toi qui nous tends toujours ta ronde joue en fleur,
Rouge, blanche, soufrée ou mate,
Et nous griffes comme une chatte,

Sœur de notre bel âge et de notre bonheur !

Encens de nos plaisirs, cassolette fugace,
Sœur de notre bel âge et de notre bonheur,
Dans tes bouquets mouillés enfouir notre face,

Et doucement dormir d'avoir bu ton odeur !...

OBSESSION

Le clair de lune t'attend
Comme un fantôme à la porte.
Va ! Si plus rien ne t'importe,
Si ton cœur n'est pas content,
Mène ton pas hésitant
Vers cette nuit qui t'attend
Comme un fantôme à la porte.

La lune te donnera
La figure d'une morte ;
Toute la nuit se taïra
Quand tu passeras la porte.
Va ! Si le respect t'importe,
Toute la nuit se taira
Pour ta figure de morte.

Car si plus rien ne t'importe,

Si ton cœur n'est pas content,

La solitude t'attend

Comme une amie à la porte...

EFFROI

... Effroi de nuit, effroi de solitude, effroi
D'être assise immobile à ma table, la lampe
Eteinte, avec la nuit muette autour de moi,
Quand, invisible, ayant un doigt contre la tempe,
Je n'entends même plus mon cœur qui bat trop fort,
Et que bientôt commence à travers la ténèbre
Le seul bourdonnement d'une mouche funèbre,
Ainsi qu'une des voix infimes de la mort...

MUSÉE

Parce que vous avez d'une vitre couvert
La profondeur de bois et d'or du sarcophage
Que votre sacrilège a laissé large ouvert,

Alors que j'ai penché doucement mon visage
　　　Pour interroger la momie
Trois fois sainte sur ses secrets luxurieux,

Dans le verre, j'ai vu me regarder mes yeux
Immenses, blancs et noirs, à la place de ceux
　　　De la figure éternelle endormie,

Et j'ai, baisant sur mon reflet la bouche-fleur

    De la funèbre Pharaonne,

Entendu ces secrets que ne connaît personne

Et que, brûlants, je garde à jamais dans mon cœur.

LEUKYONÈ

A G. Ch. Toussaint.

Dans mes fauves cheveux, morte très ancienne

D'Antinoë, crispée en mon embaumement,

Puisque je garde sur une face chrétienne

L'or funéral et le baiser de mon amant,

De quel droit avez-vous commis le sacrilège ?

Comment puis-je sentir que plus rien ne protège,

Malgré l'éternité profonde où je dors,

Mon visage effroyable aux paupières d'or,

    Mes délicats petits pieds morts,

Et mes pures, mes si merveilleuses deux mains

    Avec leurs ongles roux encor teints ?

Vous avez cru le verre étroit qui me dérobe
Aux violations des doigts très curieux
Chaste assez, pour pouvoir convier les yeux
A fouiller du regard mon corps sec sous ma robe,
Deviner son repli le plus mystérieux,

Mais que ferez-vous si mon jour arrive ?
Si, secouant ses os, cheveux, loques, — debout
Contre la vitre avec sa bouche sans gencives,
Leukyonè, fantôme en fureur tout à coup,
Vous jette en dialecte akhaien l'invective ?

AU SOMMEIL

Sommeil qui joins nos mains et rapproche nos pieds
En une allusion coutumière et funèbre,
Malgré tout le bonheur, que toujours volontiers
Je me replonge au bain puissant de ta ténèbre !

Délivrance succincte, heureux gouffre d'oubli,
Trêve à l'incessant cri de l'âme inassouvie,
Je t'adore, sommeil qui nous ôtes la vie,
Mort sans éternité dans le tombeau du lit !

VITRES

A Mademoiselle E. G. Grimblot.

I

DE PRINTEMPS

Je sens mon âme obscure en moi comme la nuit.
Ne suis-je pas morte, aujourd'hui !
Nul désir, nul instinct, rien ne me sollicite...
— Et puis ensuite ?

La fenêtre de verre incolore et de bois
Est pleine des premiers lilas,
Comme les feuilles, cette année, ont poussé vite !...
— Et puis ensuite ?

Il semble que plus rien ne saurait m'arriver,
Qu'aujourd'hui tout est achevé.
Et pourtant il faudra vivre toute la suite...
— Et puis ensuite ?

II

Le jardin vague et vert contre la vitre aqueuse
Y figure un immense et trouble aquarium
Qui contient l'océan du ciel ; et l'onduleuse
Frondaison où s'étoile un vif géranium
Y berce des rameaux avec toutes leurs ombres
Au rythme submergé des madrépores sombres...

Prise par l'attirante illusion des eaux,
Je poserai mon front sur la vitre marine
Et serai la sirène enroulée aux coraux
Noués par mille bras à sa pâle poitrine,

Qui, prisonnière, rêve à la félicité

D'avoir royalement troué l'immensité,

Pour surgir au soleil couchant qu'elle salue

D'un signe de sa tête humide et chevelue.

D'un signe de sa tête humide et chevelue.

III

D'AUTOMNE

Regardant s'effeuiller la suite des jardins
Contre la vitre trouble où je rêve et chantonne,
J'ai vu paraître et fuir le passage soudain
De quelques œgipans échappés de l'automne.

L'un d'entre eux s'attarda, seul dans l'ombre et dans l'or,
Et longtemps, de profil, émurent les allées
Son œil en feu de bête et sa corne enroulée...
Voulait-il que mes pas le suivissent dehors?

Bientôt, le dernier cri du soleil dut se taire.
— Or, quand le jour mourut dévoré par la nuit,
Je compris tristement qu'au choc de quelque bruit
L'œgipan repartait sans moi vers les mystères.

IV

D'HIVER

Ici, tiédeur de l'air, coussins, branches de roses,
Là, paysage blanc et noir, neige et bois mort.
Seule, la vitre scinde et sépare ces choses,
Clair obstacle, et qu'un doigt étoile sans effort.

Chaude, l'haleine en feu sur la vitre gelée,
Tant que dure le jour j'occupe un lent regard
A voir quelques flocons tomber, tourner l'allée,
Pointer l'herbe, un oiseau s'abattre quelque part.

Or, la nuit vient... En proie à l'intime Norvège

De mon cœur, mon regard se perd je ne sais où :

Attardée au lever d'une lune de neige,

J'écoute au loin l'hiver s'avancer comme un loup.

ANTIQUE

Avec la tête haute et des regards altiers,
Seule je me plais pendant des jours entiers,
Quand toute la maison s'est tue,
— Car je me sens ma propre statue, —

Sans autres pierres que mes yeux
Qui sont deux obscures escarboucles,
Sans rien que quelques longs plis bleus
Et mon chignon fait de huit belles boucles.

Ainsi vais-je selon la ligne d'aujourd'hui
Et bercè-je, oubliant mon être intrinsèque,
Avec mesure et gravité jusqu'à la nuit,
Au-dedans de mon corps classique, une âme grecque ;

PHANTASMES

Pour qu'en rentrant tu trouves sous ton toit
La merveille de cette akhaïenne hétaïre,
Et que, dans ses plis bleus, tu la presses sur toi
    Comme une tressaillante lyre.

14.

NUPTIALE

Tu sais bien que la vie ordinaire, publique
Et pauvre, nous fait mal au plus secret du cœur,
Toi qui connais mes soirs de langueur
Et la fleur pourpre de mon sourire archaïque,

Quand je m'avance au pas comme une qui revient,
Et que mes yeux battent dans la lumière,
Plus blancs et noirs, sous le fardeau de leurs paupières,
Que ceux d'une momie au masque peint,

Et, pour porter ton cœur entre mes mains dorées,
Quand je me tends debout dans mes plis noirs,
Longs et légers jusqu'à sembler, parmi le soir,
Déjà voler au vent d'une danse sacrée...

PHANTASMES

Ainsi, parfois, loin de l'âge présent,
Je suis à venir ou passée,
Et m'offre à toi, toute, comme un présent,
De mes orteils fardés à ma tête tressée,

Pour que tu goûtes seul le précieux délice
De cette heure où reluit mon sourire d'accueil,
Et qu'enfin, doucement, dans l'ombre tu me cueilles
Hors de mes robes, longue et blanche comme un lys.

DE MOI-MÊME

BONDISSEMENT

Je ne mènerai pas le vaisseau de mon âme
    Par les canaux faciles du Devoir.
      Ai-je dit que je ne veux avoir
      Ni boussole, ni voile, ni rame ?
    Non. Mais je ne mènerai pas mon âme
    Par les canaux faciles du Devoir.

Debout au gouvernail de notre volonté,
Mon vaisseau ! nous irons loin des ports et des côtes
Que l'on hante les uns à la suite des autres,
Fluctuer durement en pleine immensité,
    Où déferle la liberté.

— Ah ! mon âme, mon beau vaisseau, romps les amarres !
Le risque est devant nous, mais nous tenons la barre ;
Et, quand on part n'ayant ni foi, ni sûreté,
Ni regrets, il est beau d'avoir pour adversaire
Toute la mer !

DÉCLARATION

Tu m'as lavé, tu m'as drainé mon âme lâche
Où la mélancolie avait mis son baiser,
Et raclé dans leur mal mes os civilisés
Avec ta dureté pareille à une hache.

Tes mains ont libéré toutes mes passions,
Décourbé rudement l'ankylose peureuse
Des siècles, arraché mes fibres douloureuses
Du terrain de la race et des traditions.

Maintenant, je connais et je peux. Mon écorce
Éclatée a laissé toute mon âme à nu.
Je pousse vers la vie un tel cri suraigu
Qu'elle aura peur de moi, peut-être, et de ma force.

Je veux vivre ! La mort rôdera vainement :
Elle fut mon espoir, elle devient ma crainte.
— Donne ta main ! Allons, d'une énergique étreinte,
Prendre la Destinée avec des bras d'amant ;

Donne ta main ! Je veux y cramponner mon geste,
Et, défiant la vie et défiant la mort,
M'enfermer en toi seul comme en un château fort
Pour dominer l'abîme ouvert de tout le reste.

RESTRICTION

Comme quelque amolli motif de Mendelssohn,
Malgré ce que je dis, malgré ce que je crois,
La mélancolie erre encore au fond de moi.
—Car pouvons-nous vraiment savoir ce que nous sommes ?

Mon être a-t-il vidé tout le sanglot chrétien
Si mon œil roule encor l'eau d'une larme tiède
Pour les maux éternels de la terre et les miens,
Si mon âme, les nuits d'étoiles, crie à l'aide ?

On se jette, fermant les yeux, serrant les dents,
Sur cette proie unique et rétive : la vie.
Mais qui saura jamais, au dedans, au dedans,
Ce qu'on est, ce qu'on veut et ce qu'on signifie ?

REFUS

... Et c'est pourquoi la femme a été déclarée impure.

De l'ombre ; des coussins ; la vitre où se dégrade
Le jardin ; un repos incapable d'efforts.
Ainsi semble dormir la femme, « enfant malade »,
Qui souffre aux profondeurs fécondes de son corps.

Ainsi je songe... Un jour, un homme pourrait naître
De ce corps mensuel, et vivre par delà
Ma vie, et longuement recommencer mon être
Que je sens tant de fois séculaire déjà ;

Je songe qu'il aurait mon visage, sans doute,
Mes yeux épouvantés, noirs et silencieux,
Et que peut-être, errant et seul avec ces yeux,
Nul ne prendrait sa main pour marcher sur la route ;

Ayant trop écouté le hurlement humain,
J'approuve dans mon cœur l'œuvre libératrice
De ne pas m'ajouter moi-même un lendemain
Pour l'orgueil et l'horreur d'être une génitrice,

Je songe qu'on n'a pas inévitablement
Le courage qu'il faut pour accepter de vivre...
— Et, parmi mes coussins pleins d'ombre, je m'enivre
De ma stérilité qui saigne lentement.

MALGRÉ

Ceux-là qui ne m'ont pas aimée et pas comprise,
Ceux-là qui ne m'ont pas souri, je les méprise.

Seule avec mon silence et mon sourire fier,
Je poursuis mon chemin aujourd'hui comme hier.

La haine et ses cailloux qui m'ont prise à partie
Me blessent. Sois témoin, Hypathie ! Hypathie !...

Mais j'ai plus que la joie, et je n'ai pas besoin
De gloire. Mes yeux durs ont regardé plus loin.

Et les heures me sont solitaires et belles,
Et je m'enivre et crie au battement des ailes,

Car j'ai, vivant malgré les cailloux destructeurs,
Un grand oiseau de mer enfermé dans le cœur.

PROPHÉTIE

Tu t'en iras épouvantée, ayant en toi,
Chantante malgré toi, ton âme familière,
Comme un homme hébergeant un ange sous son toit;
— Et tes meilleurs amis te lanceront la pierre.

Tu rougiras et pâliras sous le tourment
De te sentir toujours différente des autres;
Et, pour te détourner de toi, cent mille apôtres
Dans ton propre vouloir parleront vainement.

Ceux-là te jetteront dans la honte et le trouble
Qui connaissent leur âme et sont sûrs de leurs yeux.
Pour toi, souffrant toujours l'angoisse d'être double,
Tu lèveras sur tout un regard anxieux.

Ainsi tu t'en iras, seule, ivre d'altitude,
Ouvrant à l'Univers ton geste triomphant :
Mais ici l'on rira de ton incertitude
Et te fera pleurer comme un petit enfant.

AMERTUME

Je suis triste. Mettez du parfum sur mes mains.
Je n'attends point, sachant ce que sont les humains,
La consolation de l'homme ou de la femme :
Mais une bonne odeur peut réconforter l'âme.

Alors que vous aurez répandu le parfum,
Je baiserai longtemps mes mains qui me sont chères,
Connaissant que je suis pour moi-même Quelqu'un
Qui seul devine à fond mon cœur et ses mystères.

Ainsi je veux rester seule, car tout me nuit ;
Et, pour ma peine, un peu de parfum peut suffire...
Jusqu'à ce qu'ironique et rouge, mon sourire
Ouvre sa fleur amère et fleurisse la nuit.

MUSIQUE

A Henri Gauthier-Villars.

Puisque nous nous sentons ce soir troublés et tristes,
      Quelle que soit notre souffrance,
Viens, consolation sans paroles, Musique !
Et que tes beaux sanglots et ta mathématique
Versent leur sortilège à nos cœurs qui t'attendent.

Chante !... Un respectueux silence te reçoit
Dans notre être, et l'orgueil s'y assouplit et ploie
Au souffle génial et rauque de ta voix.

Chante ! Chante, Musique !... Ah sois notre David !
Car en nous quelquefois s'assied un sombre roi
Fixant des yeux si noirs et si durs sur la vie
Que nous ne pourrions plus jamais pleurer, sans toi...

UN PEU...

Un peu de lointaine musique
Passe sur mon cœur de ce soir.
A quoi veux-tu me faire croire,
Pauvre et douce et courte musique ?

Je souffre. J'ai porté ma main contre mon cœur...
— Quelle main m'ôterait, ce soir, ce qui me pèse,
Le secret, le mortel, l'ineffable malaise
De ces lointains, de ces mineurs bémols ou dièzes
Qui cherchent ma poitrine et me percent le cœur ?

COUP D'OEIL

Minuit, dormir. Regard furtif aux vitres sages ;
Le jardin entrevu, noir, dans le vent profond...
O véhémente nuit de lune et de nuages,
Promène dans ta course affolée et tes rages
Le drame de ma joie et de ma passion.

AMIE

Mon regard vainement attentif et subtil
S'est plongé dans les yeux mystérieux des femmes.
O mon regard lassé ! se peut-il, se peut-il
Que le silence soit si rare au fond des âmes ?...

Mais les lacs troubles sont plus profonds que les yeux,
Et voici dans les eaux la commençante automne.
Allons voir luire au cœur de ses bois qui moutonnent
Des morceaux de couchant entre les sapins bleus.

Elle meurt chaque jour tragiquement au monde ;
Ses saules sont plus beaux que des cheveux défaits...
Ah ! qui vaudra jamais cette grande âme blonde
Qui s'effeuille sur nous au passage et se tait ?

— Tu seras mon amie, automne ardente et sobre,

Et j'appuierai mon cœur contre ton cœur brisé,

Et tu me donneras tes lèvres à baiser

Sur l'humide douceur de tes roses d'octobre.

TRANQUILLITÉ

Si j'ai regardé ce gris crépuscule
        Barré de pluie et d'arbres verts,
C'est avec des yeux largement ouverts
        Sans crainte, tristesse ou scrupule.

Si, parmi ce soir mouillé de printemps,
        Rôdaient le remords et la fourbe,
Moi, je n'ai rien vu que la belle courbe
        Des branches des arbres contents.

Car en moi vivaient mon rêve et mes vices
        Ainsi que des fruits de beauté,
Comme dans le jour tombant est porté
        Le feuillage par les troncs lisses.

FATIGUE

J'écoute au loin gronder la nuit noire et le vent...
Je voudrais n'être plus ce furieux amant,
Ce sombre et dur penseur ; n'être rien qu'une femme,
     — Sans tout ce halètement de l'âme, —
    Qui aime, sourit et rêve simplement.

Quand tiendrai-je ma tête entre mes mains tranquilles
     Sans la sentir éclater d'orgueil,
       De révolte ou d'épouvante,
Sans la sentir plus lourde à porter qu'une ville ?

J'écoute au loin gronder la nuit noire et le vent...
  — Ah ! ne plus rien savoir de ce cœur décevant,
M'arracher du Souci, du Songe, du Baiser,
     Me reposer ! Me reposer !

GÉMISSEMENT

De toujours s'adosser en route dans les coins,
Pâle tout à coup, se mordant les poings
A se demander ce qu'on est
Sans pouvoir discerner le beau d'avec le laid
Au fond du perplexe soi-même,

De sentir qu'on se hait et cependant qu'on s'aime ;

De gravir l'abrupt flanc de sa propre hauteur
Pour aussitôt rouler jusqu'aux yeux, jusqu'au cœur,
Au plus bas de la profondeur
Facile de son propre gouffre,

— Ah ! ce qu'on souffre, ce qu'on souffre !...

AUTRE CHOSE...

Autre chose que la tristesse,
Que la peur, que le souvenir,
Une chose que les mots blessent
Ne pouvant pas la contenir,

Autre chose que ce qu'on nomme
Est dans mon âme. — Est-ce mon âme ?...
Vais-je y réfléchir comme un homme,
Vais-je en pleurer comme une femme ?

Je ne sais pas ce qui m'arrive,
Je ne me connais pas encor :
Est-ce la Vie, est-ce la Mort ?
O moi ! réponds-moi donc ! — Qui vive ?...

LA VAILLANCE

La vie est triste ; l'espoir meugle
Comme un bœuf condamné qui marche à l'abattoir.
— Crains, autant que l'horreur de devenir aveugle,
La possible contagion d'un autre espoir.

Ne t'arrête jamais sur la route de vivre
Avec un regard derrière toi
Mesurant le chemin que tu viens de suivre
Entre l'aujourd'hui mûr et le vert autrefois.

Fuis les orgues, les cors dans le lointain, les cloches.
N'écoute pas. Ne sache pas. Ne veuille pas.
Toute l'enfance est encore là-bas,
Elle te reprendra ton cœur si tu t'approches.

Marche sur l'avenir toujours plus durement,
De peur de perdre l'habitude acquise à peine
De vivre pour la vie, en comptant seulement
    Mourir le plus tard possible à la peine.

Va ! chante, danse, crie, en marchant, ta gaieté
De ne plus rien attendre et de ne plus rien croire ;
Cela seul est, au bout de toute obscurité,
La lézarde de jour qui fend l'impasse noire.

EXCÈS

Musique, art et bouquins : le royaume des âmes.
Mais si l'on veut quitter sa chambre, quelquefois,
Si l'on veut vivre, où sont les reines et les rois ?...
— Vivre n'est qu'un pays plein d'hommes et de femmes.

Ce soir, honteuse d'être aussi l'humanité,
Je me lève. Je veux partir sur une route
Inconnue, impossible, où n'auront pas été
La faim, la soif, l'amour, tout ce qui me dégoûte.

Ce soir, je hais l'automne au sous-bois roux et brun :
C'est l'été mort d'ardeur qui traîne en sa jonchée.
L'ardeur... L'amour... Comment oublier que chacun
Porte son sexe ainsi qu'une bête cachée ?

Comment ne plus savoir l'éternel appétit
D'exister, qui, partout, mange, boit, aime, essaime,
Et que l'automne est prête au printemps, elle-même,
Comme quelque femelle à faire son petit ?

Partir ! Partir !... Je veux secouer mes épaules !
Une automne amoureuse et meurtrie est en moi...
— Ah ! marcher vers la neige infertile des pôles
Où l'amour crève enfin de silence et de froid !

RACES

Vous autres qui traînez vos généalogies
　　A travers les bonheurs et les malheurs
　　Des âges, et croyez savoir par cœur
　　Quel sang vous bouillonne ou vous stagne au cœur,

Vous ne me direz pas, vous, de quelles orgies
　　　De misère et d'orgueil je sors,
　　　Ni quels vivants furent les morts
Dont je suis descendante au soleil d'aujourd'hui.

Ainsi, l'énigme de moi-même me fuit,
Mais je sens en moi des millions d'aïeux
Se battre. Et sais-je bien ce que je veux et peux,
　　Debout sur cette foule profonde ?

Or, sur la berge où les usines grondent,
Si, des soirs, j'ai compris que je sortais des reins
Des gueuses et des gas manieurs de surins
Dont je frôle en passant le cousinage sombre,

      Et si, dans l'oreiller de soie,
Inerte d'indolente et délicate joie,
    J'ai frissonné tous les frissons subtils,
Un regard autocrate et peureux dans les cils,

Maintenant je demande, — et de toute mon âme ! —
Votre mort dans ma chair, votre mort dans mon âme,
      Tas de femelles et de dames
      Qui me circulez dans le sang,

     Garces d'amour, de rêve et de sang,
      Filles d'honneur, filles de joie
Horde en tumulte, horde interne qui s'éploie,
      Femmes de mer, femmes de terre,

      O contradictoires, mes Mères !

CALME

Tu regardes changer la couleur des heures
Entre les branches d'or du jardin automnal...
— Tes rêves t'auront fait tant de bien et de mal !
Mais aujourd'hui plus rien n'en demeure.

Tes bras sont retombés qui s'ouvraient vers la mer,
Vers la possession d'extases inouïes,
Vers une gloire éclatant en trompettes claires,
Vers l'espace où brûlait l'esprit d'Adonaï !

Te voici vivre dans la docilité
D'une plante poussée au soleil avec joie
Et qui se berce un peu et ploie
Sous le vent d'automne ou d'été,

> Et cela suffit sans doute
> D'être une femme tendre au bras de son ami,
> Qui marche dans la vie en rêvant à demi
> Sans plus sentir ses pieds se meurtrir sur les routes...
>
> — Mais peut-être qu'il vit encore, ton désir
> D'aller vers les couchants où saigne l'Au delà ?
> Car l'âme qui palpite en toi, folle ou paisible,
> Tu ne la connais pas ! Tu ne la connais pas !

LE DÉPART

LE DÉPART

La géante géographie
Se forme et se déforme en nos esprits songeurs.
Assez de vous, pensée, art et philosophie !
Nous ne serons plus rien que d'obscurs voyageurs.

Sans doute l'Equateur et les eaux antarctiques
Brûleront et noieront le reste des éthiques
Qui nous rongent. Jetons nos filets et passons.
Prenons les continents comme de beaux poissons.

Nous sommes excédés des villes infertiles :
Partons vers un pays follement vierge et vert.
Partons égrener sur la mer
Le collier monstrueux des îles.

Nos bouches que blessa l'amertume des mots
Se guériront avec de rudes idiomes.
Nous laisserons sombrer, dans la mer, le fantôme
De l'Europe quittée où vécurent nos maux.

Départ. Dans tous les ports, des vaisseaux se balancent ;
Nous avons le mal du pays.
Départ. Départ. Nos cœurs vers l'horizon s'élancent,
Et nos secrets instincts doivent être obéis.

Tant de peine et d'hypocrisies
Peuvent se quitter sans adieux.
Et si la mort nous guette au fond de nos Asies,
Nous voulons bien mourir sur les genoux des dieux.

TABLE

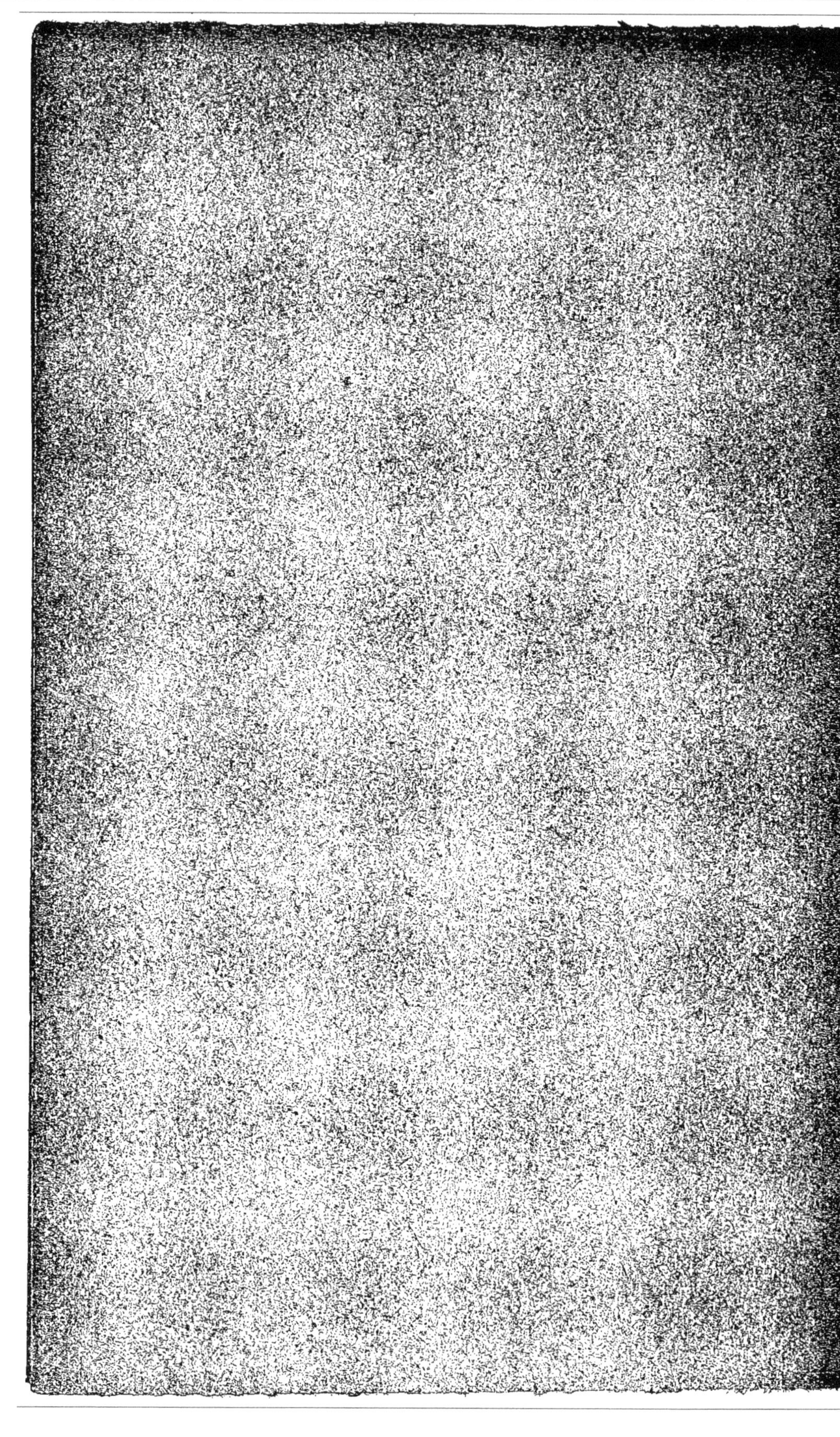

DES BÊTES

18

PHANTASMES

DE MOI-MÊME

TABLE

LE DÉPART

TABLE

MELLOTTÉE, IMPRIMEUR

A CHÂTEAUROUX, INDRE

CI.

SARU
ARDRU

BIZO[illegible]

B

OR CON[illegible]
D SOL[illegible]

[illegible]ARPENTI[illegible]
3 G
[illegible]LUM

www.ingramcontent.com/pod-product-compliance
Ingram Content Group UK Ltd.
Pitfield, Milton Keynes, MK11 3LW, UK
UKHW021902070726
13613UKWH00001B/278